Ce carnet appartient à :

....

....

www.petitnicolas.com
www.imaveditions.com

contact@imaveditions.com

50 recettes de cuisine originales

Les recettes du Petit Nicolas

Conception et rédaction
Christine de Beaupré et Béatrice Valentin

Avec des extraits des Histoires inédites du Petit Nicolas *de Goscinny et Sempé, vol. I et II, IMAV éditions*

IMAV EDITIONS

Eudes

Nicolas

Maman

Le Bouillon

Geoffroy

Agnan

Mémé

M. Blédurt

Marie-Edwige

Papa

La maîtresse

Tonton Eugène

Alceste

Clotaire

Table des matières

10 entrées très chouettes

10 plats drôlement bons

10 desserts formidables

10 pique-niques rigolos

10 gourmandises terribles

10
entrées très chouettes

Dis donc, Alceste, on ne te nourrit pas, chez toi ?

Pense-bête :

1

Les allumettes à grignoter

Demande de l'aide

Pour une fois, tu as le droit de jouer avec les allumettes !

Pour 4 copains

- 1 rouleau de pâte feuilletée
- 50 g de parmesan râpé
- 1 jaune d'oeuf
- du sel

Indispensable

- 1 pinceau
- 1 couteau de cuisine
- du papier sulfurisé
- 1 cuillère à café
- 1 bol

- Allume le four à 180 °C (th. 6).
- Déroule la pâte. Saupoudre le parmesan sur la moitié de la surface. Sale et replie la pâte en deux en tassant bien partout et en appuyant sur les bords.
- Mets le jaune d'oeuf dans un bol, ajoute une cuillère à café d'eau, mélange et badigeonne la pâte à l'aide du pinceau.
- Découpe la pâte en petits bâtonnets de 5 cm de long environ, puis dispose-les sur la plaque du four recouverte de papier sulfurisé.
- Mets au four et laisse cuire 10 minutes environ.
- Dès qu'elles sont bien gonflées et dorées, sors les allumettes.

Petit plus :
Pour varier, tu peux ajouter au parmesan une fine tranche de jambon.

Attention !
Déposer les allumettes sur la plaque du four est une opération délicate.

Pense-bête :

Dépêche-toi Nicolas, m'a dit papa…
Je ne t'attendrai pas !

Demande de l'aide

2

La soupe de courgettes à La vache qui rit

C'est tellement simple et tellement bon… même pour les allergiques à la soupe !

Pour 6 copains

- 3 grosses courgettes brossées et lavées
- 4 portions de La vache qui rit
- 2 cubes de bouillon de légumes

Indispensable

- 1 casserole et son couvercle
- 1 couteau
- 1 louche
- 1 mixeur
- 6 bols

- Dans une casserole fais chauffer 1 litre d'eau avec les cubes de bouillon et les courgettes coupées en morceaux avec la peau.
- Couvre et laisse mijoter 40 minutes environ : il faut que les courgettes soient toutes molles.
- Arrête la cuisson, ajoute les portions de fromage et mixe le tout.
- Verse dans les bols, c'est prêt !

Petit plus :
Propose des croûtons de pain pour agrémenter la soupe.

Attention !
Laisse cuire plus longtemps si les courgettes sont trop grosses.

Dis donc, c'est terrible ! Vous en avez des choses à manger !

Pense-bête :

3

Les tomates garnies

C'est drôlement facile
et terriblement bon !

Pour 4 copains

- 4 grosses tomates lavées
- 1 boîte de filets de thon
- 2 petits-suisses nature
- 4 olives vertes ou noires
- le jus d'un citron
- du sel

Indispensable

- 1 couteau dentelé
- 1 bol
- 1 cuillère à soupe

- Découpe un chapeau sur chacune des tomates et creuse délicatement l'intérieur, à l'aide du couteau ou de la cuillère, pour enlever la pulpe.
- Mets la pulpe dans un bol, puis ajoute les petits-suisses et le thon bien égoutté.
- Mélange, sale, ajoute le jus du citron, puis mélange encore avant de répartir dans chaque tomate.
- Aplatis bien, plante l'olive en dernier et remets le chapeau en appuyant un peu. C'est prêt !

Petit plus :
C'est bon aussi avec des filets de sardines à la place du thon.

Attention !
Essaie de ne pas transpercer les tomates en les creusant.

À table, pendant que je commençais à manger, j'ai chanté :
« C'était un gros éléphant, z'éléphant, z'éléphant… qui avait un très gros nez, très gros nez, très gros nez. »
- Nicolas ! a crié papa. Mange… et tais-toi !
C'est drôle, il avait l'air énervé, papa.

Pense-bête :

4

Un délice dans un navet

Amuse-toi à faire une soupière avec un navet !

• Coupe le haut des navets (il te servira de chapeau) et le bas pour les stabiliser. Avec ta cuillère, creuse les navets.
• Dans un bol, mélange les petits-suisses avec les oeufs de truite (sans les écraser), ajoute le jus des 2 citrons et remplis les 4 navets avec ce mélange.
• Pose les chapeaux sur les navets.
• À déguster avec une petite cuillère !

Pour 4 copains

• 4 navets lavés
• 4 petits-suisses nature
• 1 petit pot d'oeufs de truite (90 g)
• 2 citrons
• 4 branches de céleri lavées

Indispensable

• 1 couteau
• 1 cuillère
• 1 bol
• 1 presse-agrumes

Petit plus :
On peut planter des petites branches de céleri en enlevant le chapeau, c'est plus joli !

Attention !
Prendre des navets plutôt tendres.

Pense-bête :

Mon lapin ! Mon chou ! Mon chéri ! Mon poussin !

5

Demande de l'aide

Les mini-choux

Une bonne idée pour s'amuser quand on est toute une bande de copains inséparables !

• Allume le four à 200 °C (th. 6/7).
• Dans la casserole, fais fondre le beurre avec une pincée de sel. Dès qu'il est fondu, retire la casserole du feu, ajoute la farine, mélange et remets la casserole sur le feu. Continue de battre sans t'arrêter jusqu'à ce que la pâte forme une boule. Retire à nouveau la casserole du feu et ajoute les oeufs un par un en les cassant. Fouette encore très fort, verse le gruyère et mélange.
• Recouvre la plaque du four de papier sulfurisé, dispose des petits tas de pâte bien ronds à l'aide de la cuillère à soupe et mets à cuire pendant 25 minutes.
• Éteins et laisse la porte du four ouverte 10 minutes environ avant de sortir les choux tout dorés et gonflés.

Petit plus :
Ajoute un peu de fromage râpé sur les choux avant de les mettre au four.

Attention !
Les petits tas doivent être bien séparés sur la feuille de papier.

Pour 4 copains

• 75 g de beurre
• 1 verre d'eau
• 1 verre de farine
• 3 oeufs
• 150 g de gruyère râpé
• du sel

Indispensable

• 1 casserole
• 1 cuillère en bois
• 1 cuillère à soupe
• du papier sulfurisé

*Moi, je me suis mis à pleurer
et à crier que je ne mangerai pas à l'école,
que c'était terrible, que c'était sûrement
très mauvais.*

Pense-bête :

6

Les petites brochettes en folie

C'est trop drôle de mélanger le sucré et le salé !

• Coupe les carottes en rondelles et coupe le pain d'épice, le jambon, le fromage en cubes un peu épais.
• Enfile sur chaque pique en bois, en respectant une alternance : 1 rondelle de carotte, 1 grain de raisin, 1 cube de pain d'épice, 1 abricot sec, 1 feuille de menthe, 1 cube de jambon, 1 cube de fromage.
• Recommence au moins 2 fois, peut-être 3 fois s'il reste de la place sur les piques !
• Dispose les 6 brochettes sur une assiette, et bon appétit !

Pour 6 copains

• 6 carottes lavées et épluchées
• 2 grappes de raisins (noir et blanc) lavées
• 6 tranches de pain d'épice
• 12 abricots secs
• 3 tranches de jambon blanc, épaisses
• de l'emmental ou du gruyère
• 12 feuilles de menthe

Indispensable

• 1 planche à découper
• 6 piques en bois
• 1 couteau
• 1 bol

Petit plus :
Dis à tes copains qu'en Espagne on appelle ces brochettes des « tapas ».

Attention !
N'hésite pas à changer l'ordre des ingrédients, si tu en as envie.

Pense-bête :

On va bien rigoler…

7

Le toast express

Une idée pour un apéritif à servir aux copains : ils seront épatés !

Pour 6 copains

- 6 tranches de pain de campagne
- 3 gousses d'ail
- 6 tomates lavées
- 6 feuilles de basilic
- 6 tranches de jambon cru, extra-fines
- de l'huile d'olive
- du sel
- du poivre

Indispensable

- 1 passoire
- 1 couteau
- 1 grille-pain
- 1 bol

- Coupe les tomates en petits morceaux que tu mets dans la passoire avec un peu de sel : il faut que la tomate s'égoutte.
- Grille les tranches de pain, puis frotte chaque tranche avec l'ail.
- Ensuite tartine-les avec les tomates égouttées, mets un peu de sel, de poivre, un filet d'huile d'olive, le basilic coupé avec des ciseaux, et la tranche de jambon.

Petit plus :
Ajoute un peu de parmesan râpé !

Attention !
Laisse bien égoutter les tomates, sinon ce sera tout « ramollo » !

Je lui ai demandé à Clotaire comment ça se faisait qu'il y ait un porte-bagages sur son vélo de courses, et il m'a répondu que justement, c'est pour ça que c'était un vélo de courses, le porte-bagages lui servait à faire des courses pour sa maman.

Pense-bête :

8

La salade méli-mélo

Une salade de toutes les couleurs, comme pour une fête !

• Ouvre et verse les boîtes de maïs et de thon dans la passoire pour bien les égoutter.
• Coupe les tomates et les radis en deux, le concombre en petits cubes. Répartis le tout équitablement dans les coupelles, puis ajoute le maïs, le thon et les olives.
• Dans le bol, verse l'huile, le jus du citron, sale et poivre.
• Mélange bien et verse dans les coupelles.

Pour 4 copains

- 1 boîte de maïs (285g)
- 20 tomates cerises lavées
- 1 petit concombre épluché
- 1 boîte de thon au naturel
- 12 radis lavés et grattés
- 12 olives noires
- 3 cuillères à soupe d'huile d'olive
- le jus d'un citron
- du sel et du poivre

Indispensable

- 1 passoire
- 1 planche à découper
- 1 couteau
- 1 cuillère à soupe
- 1 bol
- 4 coupelles

Petit plus :
Ajoute quelques brins de persil sur le dessus pour faire plus joli.

Attention !
Un couteau n'est pas un jouet. Prudence.

Pense-bête :

Surprise ! Nous avons pensé que vous seriez à la maison par ce temps, et que ce serait amusant de venir prendre le thé avec vous… En famille, il ne faut pas se gêner !

Demande de l'aide

9

Les brioches « surprise »

Ce qui est chouette, c'est d'enlever le chapeau et de regarder à l'intérieur !

• Allume le four à 180 °C (th. 6).
• 1 heure avant, sors le beurre du réfrigérateur pour qu'il soit bien tendre.
• Retire le chapeau des brioches avec le couteau, puis creuse très délicatement avec la cuillère pour enlever une grosse partie de la mie.
• Coupe le beurre en quatre morceaux que tu places dans chaque creux, puis casse un oeuf par-dessus. Mets du sel et du poivre, puis répartis le fromage râpé sur les oeufs.
• Pose les brioches dans le plat (sans les chapeaux) et mets au four pendant 10 minutes environ. C'est cuit quand le transparent de l'oeuf est devenu tout blanc.
• Éteins le four, pose les chapeaux sur les brioches et laisse-les encore 3 minutes avant de les sortir.
• À manger bien chaud en trempant dedans les petits morceaux de mie enlevés au début.

Petit plus :
Coupe des petits brins de ciboulette, si tu en as, sur les oeufs avant de les mettre au four.

Attention !
Ne transperce pas les brioches en les creusant.

Pour 4 copains

• 4 petites brioches
• 4 oeufs
• 40 g de beurre
• 100 g de fromage râpé
• du sel et du poivre

Indispensable

• 1 couteau
• 1 cuillère à café
• 1 plat allant au four

Maman a crié :
- À table !
- Allez, on y va !
Et on a couru vers la maison.

Pense-bête :

10

Une douceur aux kiwis

C'est comme une petite soupe sucrée… et c'est délicieux !

• Épluche les kiwis, coupe-les en morceaux, répartis les morceaux dans les 4 verres.

• Presse les oranges, verse le jus sur les kiwis, et ajoute 1 cuillère de miel dans chaque verre.

• Mélange délicatement et régale tes copains !

Pour 4 copains

- 4 kiwis
- 2 oranges
- 4 cuillères de miel liquide

Indispensable.

- 1 couteau
- 4 petits verres
- 1 presse-agrumes

Petit plus :
Propose ces « verrines » avec des biscuits salés.

Attention !
Choisis des verres de petite taille, c'est plus joli !

Ma recette :

10 plats drôlement bons

Moi, j'ai dit que je ne voulais pas d'épinards et je me suis mis à pleurer… Papa a appelé le garçon qui a inscrit sur son carnet ce que papa lui disait. Le garçon s'est trompé plusieurs fois et il a dû recommencer des tas de pages de son carnet et quand il a eu tout inscrit, j'ai demandé si je ne pourrais pas avoir de la choucroute à la place des frites.

Pense-bête :

Demande de l'aide

1

Le carnaval des pâtes

Chouette, des pâtes de toutes les couleurs !

Pour 4 copains

- 200 g de tortellinis (nature, tomate, épinards)
- 1 boîte de petits pois (400 g)
- 1 boîte de maïs (300 g)
- 2 tomates lavées
- 100 g de parmesan râpé (facultatif)
- du sel

Indispensable

- 2 casseroles (1 grande, 1 moyenne)
- 1 cuillère en bois
- 1 passoire
- 1 couteau
- 1 saladier

• Dans la grande casserole, fais chauffer 1 litre d'eau. Quand l'eau bout, jette les pâtes, remue-les et laisse-les cuire le temps indiqué sur le paquet. Surveille pour baisser la température si l'eau monte.

• Dans l'autre casserole, verse les petits pois, puis le maïs égoutté et les tomates coupées en petits dés. Mets à chauffer tout doucement 5 minutes.

• Dès que les pâtes sont cuites, verse-les dans la passoire pour les égoutter, puis dans le saladier. Mets les légumes dans la passoire pour enlever le jus et mélange-les aussitôt aux pâtes avec une pincée de sel.

• Vite à table pour manger chaud ! Chacun mettra du parmesan selon son envie.

Petit plus :
Avec des petits morceaux de chorizo, tu auras une couleur en plus.

Attention !
C'est plus facile de les servir dans des assiettes creuses ou des bols.

Pense-bête :

- Mais regarde mon lapin, maman, j'ai dit.
- Très bien, très bien, a dit maman.
Mais moi, j'ai bien vu que maman n'avait pas regardé mon lapin.
Quand elle dit : « très bien, très bien » comme ça,
c'est qu'elle ne regarde pas vraiment.

2

Demande de l'aide

Les galettes de viande

Amuse-toi avec ce méli-mélo de viande, de tomate, de maïs… !

• Dans le saladier, mélange la viande, la tomate, le maïs, les câpres, le 1/2 oignon, le sel et le poivre.
• Aide-toi de la cuillère pour faire 4 boulettes avec ce mélange.
• Puis aplatis ces boulettes pour former des galettes de 1 cm d'épaisseur.
• Dans la poêle, fais chauffer un peu d'huile et fais cuire les galettes 3 minutes de chaque côté en les retournant à l'aide de la spatule.

Pour 4 copains

• 250 g de boeuf haché
• 2 cuillères à soupe de pulpe de tomate en boîte
• 2 cuillères à soupe de maïs en boîte
• 1/2 oignon
• 1 cuillère à soupe de câpres au vinaigre
• du sel
• du poivre
• de l'huile

Indispensable

• 1 poêle
• 1 saladier
• 1 planche en bois
• 1 petite cuillère
• 1 spatule

Petit plus :
Les servir avec une salade verte.

Attention !
Essaie de faire des galettes à peu près égales !

Papa ne s'empâte plus, il fait des régimes.
- Vous ne pouvez pas savoir comme c'est bon !

Pense-bête :

3

Demande de l'aide

Le coquelet en armure

Sous le gros sel, le coquelet est tout bronzé. C'est magique !

- Allume le four à 200 °C (th. 6/7).
- Pose une grande feuille de papier d'aluminium dans le plat en faisant remonter les bords pour former une vasque. Verse la moitié du gros sel au fond, pose le coquelet dans lequel tu auras glissé la feuille de laurier et les brins de thym. Verse le reste du gros sel pour le recouvrir. Le coquelet doit être caché entièrement sous le sel.
- Mets au four 30 minutes. Le sel va devenir dur comme une carapace. Casse-la pour découvrir le coquelet bien doré.
- Coupe-le en 4 et régalez-vous.

Pour 4 copains

- 1 coquelet
- 500 g de gros sel gris de Guérande
- 3 brins de thym
- 1 feuille de laurier

Indispensable

- 1 plat allant au four
- du papier d'aluminium
- 1 couteau

Petit plus :
Accompagne le coquelet de chips ou de tout autre légume de ton choix.

Attention !
Casser l'armure de gros sel est un peu difficile.

Penser-bête :

- Je veux de la mayonnaise ! a crié Isabelle-Sophie.
- Mais mon chou, tu en as eu assez, a dit M. Bignot.
Tu en as même eu plus que tout le monde.

Demande de l'aide

4

Le tartare de légumes

Une salade à déguster avec des lichettes de jambon !

- Dans le saladier, coupe en petits cubes les tomates, le poivron, le concombre épluché en enlevant les pépins, ajoute les raisins secs.
- Mélange et répartis dans les bols.
- Dans une poêle avec un peu d'huile, fais dorer les pignons de pin que tu ajoutes dans les bols.
- Mets les 6 bols au réfrigérateur pendant 1 heure.
- Pendant ce temps prépare, à l'aide du mixeur, un mélange avec le basilic coupé en morceaux, l'huile d'olive et le vinaigre balsamique. Ajoute du sel, du poivre et répartis ce mélange dans chaque bol.

Pour 6 copains

- 3 grosses tomates lavées
- 1 poivron rouge ou vert lavé
- 1 concombre
- 20 pignons de pin
- 20 raisins secs
- une cuillère à café de vinaigre balsamique
- 1 cuillère à soupe d'huile d'olive
- 6 feuilles de basilic
- du sel
- du poivre

Indispensable

- 1 poêle
- 1 mixeur
- 1 planche à découper
- 1 couteau de cuisine
- 1 grand saladier
- 6 bols

Petit plus :
Ajoute si tu veux des petits dés de mozzarella !

Attention !
N'oublie pas tes bols dans le réfrigérateur… 1 heure, cela suffit !

Les garçons sont arrivés en portant des poissons avec de la mayonnaise, et maman a dit : « Pas de vin pour les enfants ! » Roch, Lambert, Éloi, moi et mémé on a protesté, mais il n'y a rien eu à faire et on a eu de la limonade, qui est très chouette, avec le poisson.

Pense-bête :

5

Demande de l'aide

Le poisson en papillote

Quel bonheur d'ouvrir sa papillote et de contempler le spectacle !

- Allume le four 180 °C (th. 6).
- Coupe les légumes en tout petits morceaux dans le saladier.
- Étale 2 feuilles de papier sulfurisé. Verse 1 cuillère à café d'huile sur chacune des feuilles et répartis les légumes par-dessus avec une pincée de sel, puis les filets de poisson.
- Referme soigneusement les feuilles de papier, comme si tu faisais un paquet et mets au four 20 minutes environ.
- Ouvre la papillote dans ton assiette, c'est plus rigolo.

Pour 2 copains

- 2 filets de poisson blanc
- 1 petite tomate lavée
- 1 carotte épluchée et lavée
- 1 mini-courgette lavée
- de l'huile d'olive
- du sel

Indispensable

- 1 saladier
- 1 cuillère à café
- du papier sulfurisé

Petit plus :
Ajoute un filet de citron sur le poisson.

Attention !
Les légumes doivent être coupés en tout petits morceaux, sinon ils ne seront pas cuits.

Pense-bête :

Si c'est pas chaud, c'est pas tellement bon.

Demande de l'aide

6

Les pommes de terre en robe de chambre

Les pommes de terre sont enveloppées dans du papier d'aluminium, comme toi dans ta robe de chambre !

• Allume le four à 220 °C (th. 7/8).
• Lave bien les pommes de terre, et pique-les à plusieurs endroits avec la fourchette.
• Enveloppe chaque pomme de terre dans du papier d'aluminium, puis dépose-les dans le plat que tu mets au four pendant 1 heure et demie.
• Dans le bol, coupe le saumon et l'aneth en petits morceaux. Ajoute la crème fraîche, le poivre, et mélange le tout.
• Quand les pommes de terre sont cuites, sors-les du four, ouvre le papier d'aluminium, fends-les délicatement avec le couteau et répartis le contenu du bol sur chaque pomme de terre.

Pour 4 copains

• 4 grosses pommes de terre
• 2 tranches de saumon fumé
• 1 petit pot de crème fraîche
• des branches d'aneth
• du poivre

Indispensable

• 1 plat allant au four
• 1 fourchette
• 1 couteau
• 1 rouleau de papier d'aluminium
• 1 bol

Petit plus :
Ajoute si tu veux un petit jus de citron sur les pommes de terre, juste avant de servir !

Attention !
Ne te brûle pas en sortant le plat du four : il est chaud !

Papa a dit qu'il n'avait pas commandé une choucroute, mais qu'il avait demandé du lapin à la place de son boudin, que c'était moi qui voulais de la choucroute, mais que lui, papa, m'avait dit que j'aurais des frites, parce qu'il ne fallait pas changer d'avis tout le temps et quand on n'a pas de mémoire on ne se met pas garçon de restaurant.

Pense-bête :

7

Les oeufs en cocotte

Demande de l'aide

Ils se mangent avec une cuillère… et des mouillettes de pain !

• Allume ton four à 220 °C (th. 7/8).
• Beurre les ramequins en t'aidant d'une feuille d'essuie-tout.
• Casse délicatement 1 oeuf dans chaque ramequin, ajoute une cuillère à soupe de crème fraîche, des miettes de ton fromage choisi (gruyère, chèvre ou roquefort).
• Place tes 4 ramequins dans le plat allant au four, en ajoutant un peu d'eau dans le plat.
• Mets au four 15 minutes maximum !

Pour 4 copains

• 4 oeufs
• 4 cuillères à soupe de crème fraîche
• 1 tranche de fromage : gruyère, chèvre ou roquefort…
• du sel
• du poivre
• du beurre

Indispensable

• 1 plat allant au four
• 4 ramequins
• 1 cuillère à soupe
• 1 feuille d'essuie-tout

Petit plus :
Saupoudre tes ramequins avec du paprika : c'est rouge orangé, cela met un peu de couleur !

Attention !
Les oeufs doivent être moelleux : surveille bien la cuisson !

Pense-bête :

Papa m'a dit que quand il n'était pas là, c'est moi qui le remplaçais et que j'étais l'homme de la maison.

8

Les croquettes de riz

Demande de l'aide

Comment s'amuser à faire des croquettes avec un reste de riz !

• Dans le saladier, mélange tous les ingrédients : le riz, le fromage frais, les oeufs, la farine, le sel et le poivre.

• Puis avec tes mains propres, forme des petites galettes que tu feras frire des 2 côtés dans la poêle avec un peu d'huile.

Petit plus :
Ajoute dans le mélange, avant de cuire, des graines de pavot, du thym, des fines herbes... cela donne un peu plus de goût !

Attention !
Dépose délicatement tes croquettes dans la poêle !

Pour 4 copains

- 1 grand bol de riz déjà cuit (125 g environ)
- 2 carrés de fromage de chèvre frais ou 2 carrés de Boursin
- 2 oeufs
- 2 cuillères à soupe de farine
- du sel
- du poivre
- de l'huile (pour la cuisson)

Indispensable

- 1 poêle
- 1 saladier
- 1 spatule
- 1 cuillère en bois

Il nous faut un chef. Je propose que ce soit moi.

Pense-bête :

9

Demande de l'aide

Le gratin de coquillettes

C'est le plat préféré de tous les copains !

• Dans la grande casserole, fais chauffer 1 litre d'eau. Quand l'eau bout, plonge les coquillettes. Surveille-les et baisse la température si l'eau monte. Après 10 minutes, goûte-les pour savoir si elles sont cuites et verse-les dans la passoire pour les égoutter.

• Allume alors le gril du four. Mets la crème à chauffer 2 minutes dans la petite casserole avec une pincée de sel.

• Verse les coquillettes dans le plat, ajoute les dés de jambon, verse la crème et mélange avec la cuillère en bois. Recouvre de fromage râpé et mets le plat à gratiner au four pendant 10 minutes environ. Le dessus doit être croustillant.

Pour 4 copains

- 200 g de coquillettes
- 100 g de fromage râpé
- 300 g de dés de jambon
- 20 cl de crème liquide
- du sel

Indispensable

- 2 casseroles (1 grande + 1 petite)
- 1 passoire
- 1 cuillère en bois
- 1 plat à gratin

Petit plus :
À la place du jambon, tu peux mettre des petits morceaux de saumon fumé.

Attention !
Verse doucement l'eau des coquillettes dans la passoire pour ne pas te brûler.

Pense-bête :

- Et moi, qu'est-ce que je dois dire, maintenant ? j'ai demandé.
- Rien, m'a dit Marie-Edwige, tu te mets à table pour dîner et tu lis ton journal.

Demande de l'aide

10

La quiche sans pâte

C'est chouette quand les copains en voudraient deux fois tellement c'est bon !

Pour 6 copains

- 2 oeufs
- 20 cl de crème fraîche
- 50 g de parmesan râpé
- 2 courgettes lavées
- 20 g de semoule fine
- 15 cl d'eau
- du sel

Indispensable

- 1 casserole moyenne
- 1 couteau
- 1 verre
- 1 bol
- 1 fourchette
- 1 plat à tarte

- Allume le four à 180 °C (th. 6).
- Coupe les courgettes en petits cubes et mets-les dans la casserole. Verse l'eau froide, une pincée de sel et mets à cuire 4 minutes, pas plus.
- Ajoute la semoule, laisse cuire 1 minute encore et éteins. L'eau de la casserole a été absorbée.
- Verse le tout dans le plat.
- Casse les oeufs dans le bol, bat-les avec la fourchette, ajoute la crème et une pincée de sel, mélange et verse sur les courgettes.
- Mets au four 30 minutes.
- Le dessus sera tout doré quand tu sortiras le plat du four.

Petit plus :
Ajoute une pincée de muscade râpée dans la crème pour parfumer.

Attention !
La quiche est un peu chaude en sortant du four, laisse-la reposer 5 minutes.

Ma recette :

10 desserts formidables

Pense-bête :

Il m'a dessiné la tarte pour me montrer, mais il a dû s'arrêter pour manger une de ses tartines de la récré.

1

La tarte aux fraises in-ra-ta-ble

C'est toi qui fais tout, même la pâte !

Demande de l'aide

- 1 heure à l'avance sors le beurre.
- Allume le four à 180 °C (th. 6).
- Verse la farine, le sucre, une pincée de sel dans le saladier. Ajoute le beurre coupé en petits morceaux. Mélange avec les mains. Casse l'oeuf dessus, mélange rapidement du bout des doigts jusqu'à obtenir une boule. Aplatis-la avec les mains pour l'étaler dans le moule. Pique le fond avec la fourchette et mets au four 10 à 15 minutes. Pendant que la pâte cuit, passe les fraises sous l'eau, enlève les queues, coupe les plus grosses en deux.
- Retire la pâte du four, démoule-la sur un plat, recouvre le fond de gelée de groseilles et par-dessus, range les fraises bien serrées les unes contre les autres.
- C'est simple, c'est beau, c'est bon !

Petit plus :
C'est une tarte in-ra-ta-ble. Tu vas avoir du succès auprès des copains.

Attention !
Ne te brûle pas en sortant le moule du four.

Pour 4 à 6 copains

- 100 g de farine
- 100 g de beurre mou
- 50 g de sucre en poudre
- 1 oeuf
- du sel
- 500 g de fraises
- 1/2 pot de gelée de groseilles

Indispensable

- 1 saladier
- 1 moule à tarte amovible
- 1 fourchette
- 1 plat rond

En tout cas, c'est décidé, demain sans faute, je me mets au régime, a dit papa.

Pense-bête :

2

Le gâteau au yaourt

Demande de l'aide

C'est un gâteau qui se réalise très vite : et c'est une surprise pour les copains !

Pour 6 copains

- 1 pot de yaourt nature (le pot va te servir de mesure)
- 3 « pots » de farine
- 1 « pot » de sucre
- 1 « pot » d'huile d'arachide
- 3 oeufs
- 2 sachets de sucre vanillé
- 1 paquet de levure

Indispensable

- 1 saladier
- 1 moule à cake
- 1 cuillère en bois
- 1 bol

- Allume le four à 180 °C (th. 6).
- Dans le saladier, vide le pot de yaourt, 3 « pots » de farine, 1 « pot » de sucre, 1 « pot » d'huile d'arachide, 3 oeufs, 2 sachets de sucre vanillé, 1 paquet de levure.
- Remue bien le tout.
- Beurre le moule et verses-y le mélange.
- Mets dans le four pendant 35 minutes.

Petit plus :
Avant de servir, tu peux ouvrir le gâteau en 2 horizontalement et étaler un peu de confiture, ou des pépites en chocolat !

Attention !
Mélange bien dans le saladier pour qu'il n'y ait pas de grumeaux.

Pense-bête :

Les hommes ont faim !

Demande de l'aide

3

La pâte à crêpes

Et que ça saute !!!

Pour 4 copains

- 250 g de farine
- 50cl de lait
- 3 oeufs
- du sel

Indispensable

- 1 cuillère en bois
- 1 spatule
- 1 saladier
- 1 poêle à crêpes antiadhésive
- 1 louche
- 1 pinceau

• Verse la farine dans le saladier, creuse un puits au milieu pour y casser les oeufs, ajoute le lait, une pincée de sel et mélange soigneusement, avec la cuillère en bois, pour éviter les grumeaux.
• Laisse reposer la pâte 1 heure environ. Puis ajoute un verre de lait ou d'eau pour l'alléger.
• Verse un peu d'huile dans un bol, trempe le pinceau et graisse la poêle. Mets-la sur le feu et, dès qu'elle est chaude, verse une petite louche de pâte.
• Étale-la sur toute la surface, laisse-la cuire 1 minute avant de la retourner, soit avec la spatule, soit en la faisant sauter, si tu l'oses.
• Avec du sucre et du citron, de la confiture, du miel, du Nutella, une boule de glace… régale-toi.

Petit plus :
Pour les garder au chaud, empile les crêpes sur une assiette posée sur une casserole d'eau chaude et recouvre-les de papier d'aluminium.

Attention !
Il faut être très adroit pour faire sauter les crêpes dans la poêle.

Quand nous sommes entrés, maman a été tout étonnée de voir Alceste.
- Il vient regarder notre boîte de bonbons, j'ai expliqué.
- Mais c'est absurde ! a crié maman.

Pense-bête :

4

Demande de l'aide

Le gâteau aux Carambar

Un gâteau amusant à faire au goût de bonbon au caramel !

- Allume le four à 180 °C (th. 6).
- Dans un saladier verse la farine, la levure, le sel. Ajoute les oeufs et mélange avec énergie pour que la pâte soit homogène.
- Faire fondre le beurre et les Carambar au micro-ondes (2 à 3 minutes).
- Ajoute le mélange dans la pâte en remuant bien.
- Mets du papier sulfurisé dans le moule à gâteau pour verser le tout.
- Puis mets au four pendant 30 minutes.

Pour 6 copains

- 200 g de farine
- 150 g de beurre
- 75 g de sucre
- 20 Carambar au caramel
- 3 oeufs
- 1/2 sachet de levure
- 1 pincée de sel

Indispensable

- 1 casserole
- 1 saladier
- 1 moule à gâteau à bord haut
- 1 rouleau de papier sulfurisé
- 1 cuillère en bois

Petit plus :
C'est meilleur un peu tiède.

Attention !
Bien éplucher les Carambar, pour ne pas laisser des papiers collés, ce ne serait pas agréable !

Penne-bête :

Il me fait rigoler Alceste : tout ce qu'il voit, ça lui donne envie de manger.

5

Demande de l'aide

Les petits gratins de fruits

Un dessert tout simple et délicieux !

- Allume le four à 200 °C (th. 6/7).
- Dans le bol, mélange les jaunes d'oeufs avec la crème, la poudre d'amandes et 1 cuillère de sucre roux.
- Épluche la 1/2 mangue, coupe-la en cubes. Passe les fraises ou les framboises rapidement sous l'eau, enlève les queues, coupe-les en deux si elles sont très grosses.
- Beurre les ramequins, répartis les fruits équitablement, puis recouvre-les de crème et saupoudre au-dessus la seconde cuillère de sucre roux.
- Mets au four 10 minutes environ. Le dessus doit être légèrement doré.
- Ces délicieux gratins se mangent tièdes.

Pour 2 copains

- 1/2 mangue
- 8 fraises ou 12 framboises
- 2 jaunes d'oeufs
- 2 cuillères à soupe de sucre roux
- 2 cuillères à soupe de poudre d'amandes
- 15 cl de crème liquide légère
- 20 g de beurre

Indispensable

- 1 saladier
- 1 couteau
- 1 bol
- 1 cuillère à soupe
- 2 ramequins

Petit plus :
L'hiver, tu peux faire la même recette avec 2 oranges ou 4 clémentines.

Attention !
Ne te brûle pas en sortant les ramequins du four.

Pense-bête :

Le plus furieux de tous, c'était Alceste, parce que la tartine qu'il avait terminé de nettoyer était retombée sur le sable, toujours du côté beurre.

Demande de l'aide

6

Le pain perdu

mais pas perdu pour tout le monde !

Voici une idée
pour ne pas jeter le vieux pain…
et c'est très bon !

• Dans un saladier, mélange énergiquement les oeufs et le sucre en poudre. Ajoute le lait, puis fais tremper 1 minute chaque tranche de pain recto verso dans ce mélange.
• Dans une poêle mets une noisette de beurre, et fais « poêler » les tranches de pain l'une après l'autre, jusqu'à ce qu'elles soient dorées !
• Régale-toi, c'est vraiment délicieux !

Pour 6 copains

• 4 oeufs
• 200 g de sucre en poudre
• ¾ de litre de lait
• 6 tranches de pain un peu rassis
• 1 noisette de beurre

Indispensable

• 1 poêle
• 1 saladier
• 1 fourchette
• 2 assiettes

Petit plus :
Prépare bien les assiettes pour déposer les tranches de pain au fur et à mesure de leur cuisson : il faut les manger quand elles sont chaudes.

Attention !
Ne te brûle pas en retirant les tartines.

Pense-bête :

C'était une dictée avec des mots terribles, j'ai dit, et puis la maîtresse m'a félicité devant les autres... J'aurai un gâteau au chocolat pour le dessert ? j'ai demandé.

7

Demande de l'aide

La fondue au chocolat

C'est trop drôle et c'est trop bon quand on est plusieurs !

• Épluche tous les fruits, coupe les pommes et les poires en petits morceaux, les bananes en rondelles et détache les quartiers des clémentines. Mets-les séparément dans les 4 bols.
• Dans le poêlon, casse le chocolat en morceaux, ajoute le lait et fais fondre à feu doux en tournant lentement avec la cuillère en bois.
• Dès que le chocolat est fondu, retire le poêlon du feu et pose-le sur un dessous-de-plat au milieu de la table pour que tous les copains puissent tremper les fruits dans le chocolat.

Pour 6 copains

• 300 g de chocolat noir à cuire
• 1 verre de lait
• 2 pommes
• 2 bananes
• 2 poires
• 6 clémentines

Indispensable

• 1 poêlon
• 1 cuillère en bois
• 4 bols
• 6 fourchettes

Petit plus :
Dans un autre bol, tu peux ajouter des petits morceaux de pain ou de brioche.

Attention !
Ne mets pas le feu trop fort, le chocolat doit fondre tout doucement.

Tous les jours, il y a un marchand de glaces qui passe devant la maison et il y en a au chocolat, à la fraise et à la pistache, et moi, je les préfère toutes.

Pense-bête :

8

La glace aux spéculoos

Cette glace est trop drôle à faire : il faut se servir d'un petit marteau pour casser les biscuits !

• Dépose les meringues et les biscuits dans un torchon, et tape délicatement dessus avec le marteau ! Attention ne tape pas trop fort, sinon cela fera des miettes. Il faut juste les casser et les mélanger.
• Casse les oeufs en séparant les blancs des jaunes : dans un saladier, tu mets les jaunes, dans l'autre, tu mets les blancs.
• Dans celui qui contient les jaunes ajoute la crème et le sucre, et mélange.
• Dans l'autre saladier, monte les blancs en neige à l'aide du mixeur.
• Ensuite mélange ensemble : jaunes d'oeufs, crème, sucre, blancs en neige et biscuits.
• Verse le tout dans un moule carré ou rectangulaire, et mets au congélateur pendant au moins 4 heures.

Pour 6 copains

- 1 grosse meringue
- 15 biscuits spéculoos
- 4 oeufs
- 20 cl de crème épaisse
- 60 g de sucre glace
- 1 paquet de sucre vanillé

Indispensable

- 2 saladiers
- 1 moule carré ou rectangulaire
- 1 mixeur
- 1 cuillère en bois
- 1 petit marteau
- 1 torchon

Petit plus :
Déguste cette glace accompagnée d'un coulis de framboises.

Attention !
Il faut sortir la glace du congélateur 10 à 15 minutes avant de la manger.

Pense-bête : ....

....

....

Ça me plaît d'aller chez l'épicier, M. Compani, qui me donne toujours des biscuits, les cassés qui restent au fond des boîtes, mais qui sont rudement bons.

9

Le gâteau aux petits-beurre

Un dessert croustillant que tous les copains vont adorer !

• 1 heure à l'avance, sors le beurre du réfrigérateur pour qu'il soit mou.
• Dans un saladier, casse les oeufs, verse le sucre, ajoute le beurre coupé en petits morceaux et mélange soigneusement.
• Dans la casserole, fais fondre le chocolat coupé en morceaux, avec une cuillère à soupe d'eau. Verse le chocolat fondu dans le saladier, mélange bien.
• Ouvre le paquet de petits-beurre, casse-les en petits morceaux dans le saladier, puis mélange le tout.
• Étale le film alimentaire dans le moule pour pouvoir démouler le gâteau facilement. Verse la préparation dedans, tasse bien et mets au réfrigérateur environ 6 heures.

Pour 6 copains

• 1 paquet de petits-beurre
• 200 g de chocolat
• 2 oeufs
• 200 g de beurre mou
• 200 g de sucre en poudre

Indispensable

• 1 casserole
• 1 cuillère en bois
• 1 cuillère à soupe
• 1 saladier
• 1 moule à cake
• du film alimentaire

Petit plus :
Prépare ce dessert une journée avant l'arrivée des copains.

Attention !
Il est très important que le beurre soit bien mou.

Pense-bête : ....

Tu les souffles, les bougies, qu'on puisse manger ?

Demande de l'aide

10

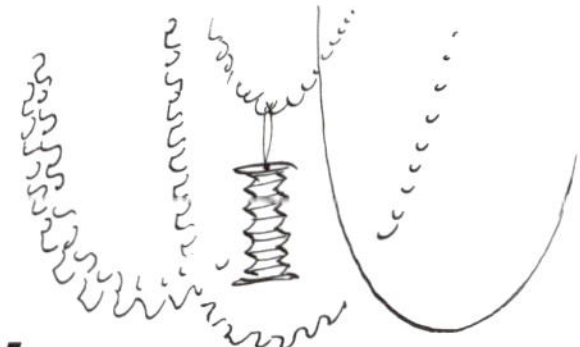

Le gâteau d'anniversaire

Amuse-toi à tout inventer pour le décorer !

- Allume le four à 180 °C (th. 6).
- Dans une casserole, casse le chocolat en morceaux et fais-le fondre avec le beurre, au bain-marie (tu poses la casserole avec le chocolat dans une autre casserole contenant de l'eau). Quand c'est bien fondu, ajoute le sucre, puis les oeufs un à un. Mélange énergiquement avec la cuillère en bois. Ajoute la farine, puis verse le tout dans le moule à gâteau beurré.
- Mets-le dans le four pendant 25 minutes. Laisse refroidir avant de décorer.

Pour 6 copains

- 200 g de chocolat noir (à cuire)
- 120 g de beurre doux
- 80 g de beurre demi-sel
- 200 g de sucre en poudre
- 1 cuillère à soupe de farine
- 5 oeufs

Indispensable

- 2 casseroles
- 1 moule à gâteau
- 1 cuillère en bois

Petit plus :
Verse un « glaçage » au chocolat, après la cuisson : on trouve des sachets tout prêts que l'on réchauffe au micro-ondes !

Gros plus :
Écris l'âge de celui que l'on fête avec des petites boules de sucre colorées ou des Smarties, garnis le dessus du gâteau avec des graines de sucre colorées, saupoudre avec des paillettes d'or. Au moment des bougies parsème le gâteau de sucre pétillant !

Ma recette :

10
pique-niques rigolos

Pense-bête :

Ça alors, c'est trop fort !

1

Le cocktail pétillant

Succès garanti si les copains sont assoiffés !

Pour 6 copains

- 25 cl de limonade
- 25 cl de jus d'orange
- 25 cl de jus de pamplemousse
- le jus de 1 citron
- 25 cl de sirop de grenadine

Indispensable

- 1 verre doseur
- 1 carafe
- 6 verres

• Verse le jus du citron dans la carafe. À l'aide du verre doseur, mesure une à une les quantités de limonade, de jus d'orange, de jus de pamplemousse. Verse-les au fur et à mesure dans la carafe dans l'ordre que tu veux.

• Laisse au frais 1 petite heure.

• Au moment de servir, verse d'abord la grenadine équitablement dans les verres, puis la préparation de la carafe.

• Comme la grenadine reste au fond, tu obtiens un très joli cocktail bicolore.

Petit plus :
À boire avec une paille dans un grand verre décoré d'une rondelle de citron.

Gros plus :
Servi très frais avec des glaçons, c'est encore plus désaltérant.

Alceste, lui, il était dans un coin et il tournait en rond, vroum, vroum, avec un seul bras étendu, parce qu'il avait besoin de l'autre pour manger son sandwich.

Pense-bête :

2

Le sandwich à trois étages

C'est génial quand on a une grosse faim !

• Coupe la tomate en 4 rondelles et la tranche de jambon en 4 parties. Fais griller 3 tranches de pain.
• Étale une couche de fromage sur la première tranche, pose une rondelle de tomate, puis 1/4 de tranche de jambon.
• Recouvre avec la deuxième tranche de pain, étale à nouveau une couche de fromage, une rondelle de tomate et 1/4 de tranche de jambon.
• Recouvre avec la troisième tranche de pain et tasse un peu en appuyant.
• Le premier sandwich est prêt. Recommence la même chose pour le second.

Petit plus :
Ajoute un gros cornichon coupé en deux dans la longueur.

Attention !
Quand tu étales le fromage, gardes-en assez pour la deuxième tranche de pain.

Pour 2 copains

• 6 tranches de pain de mie aux céréales
• 2 fromages Kiri
• 1 tranche de jambon
• 1 tomate lavée

Indispensable

• 1 grille-pain
• 1 couteau

Nous partons en pique-nique avec M. Blédurt et Mme Blédurt.
M. Blédurt, c'est notre voisin : il aime bien taquiner papa
et souvent ils se battent pour rire, papa et lui.
« Attention, criait papa, mes cannes à pêche ! Tu vas tout casser ! Pas comme ça !
Ça va tomber ! Laissez faire les hommes, a dit papa, les femmes, ça casse tout
dès que ça s'approche d'une voiture ! » « Ouais ! » a dit M. Blédurt,
qui pour une fois était d'accord avec papa.

Pense-bête :

3

Demande de l'aide

Le fromage en chaussons

Pour ceux qui hésitent à manger du fromage : c'est un « chausson » qui l'enveloppe !

Pour 4 copains

- 1 rouleau de pâte feuilletée
- 1 fromage de chèvre frais St Mâret (200 g)
- du thym
- du sel
- du poivre

Indispensable

- 1 couteau
- 1 cuillère à café
- du papier sulfurisé

- Allume le four à 180 °C (th. 6).
- Coupe la pâte en 4 et dépose les 4 parts sur la plaque de cuisson, recouverte de papier sulfurisé.
- Puis coupe le fromage en 4 et pose un morceau de fromage sur chaque part de pâte.
- Ajoute, une pincée de thym, du sel et du poivre sur chacune des parts.
- Plie en 2 pour fermer les chaussons. Appuie bien sur les bords.
- Mets 25 minutes dans le four et déguste-les tièdes ou froids.

Petit plus :
Badigeonne les chaussons avec du jaune d'oeuf pour qu'ils deviennent dorés !

Attention !
Il faut bien fermer les bords sinon le fromage risque de couler à l'extérieur du chausson !

Pense-bête :

C'est la première fois que je vois Alceste donner un petit bout de quelque chose qui se mange à quelqu'un.

4

Demande de l'aide

Le régal carottes-noisettes

Avis à ceux qui n'aiment pas les carottes, c'est vraiment un chouette gâteau !

- Allume le four à 180 °C (th. 6).
- Épluche les carottes, lave-les et râpe-les dans un saladier.
- Casse les oeufs dans l'autre saladier, verse le sucre, ajoute une pincée de sel, fouette avec énergie, puis ajoute la farine, la levure, les carottes râpées et les noisettes en poudre. Verse l'huile, mélange bien.
- Graisse le moule, verse la préparation et mets à cuire 30 minutes environ.
- Laisse le gâteau refroidir avant de le démouler pour couper des parts.

Pour 6 copains

- 250 g de carottes râpées
- 50 g de farine
- 100 g de sucre en poudre
- 2 oeufs
- 125g de noisettes en poudre
- 1 sachet de levure
- 3 cuillères à soupe d'huile (colza ou arachide)
- du sel

Indispensable

- 1 épluche-légumes
- 1 râpe ou 1 robot
- 2 saladiers
- 1 cuillère en bois
- 1 cuillère à soupe
- 1 moule à manqué

Petit plus :
À la place des noisettes, tu peux mettre des noix écrasées.

Attention !
Il te faut environ 5 grosses carottes pour obtenir 250 g de carottes râpées.

Mange !

Pense-bête :

5

Le croque sucré-salé

Chacun peut s'amuser à faire son croque
c'est ça aussi qui est chouette !

• Pense à sortir le beurre du réfrigérateur un peu à l'avance, pour qu'il soit facile à tartiner.
• Beurre les deux tranches de pain. Pose le jambon sur la face non beurrée d'une des 2 tranches, puis le fromage, puis l'ananas.
• Recouvre avec la seconde tranche de pain, face beurrée à l'extérieur en tassant bien le tout.
• Allume le gril du four, pose le croque sur la grille recouverte d'un papier sulfurisé et laisse dorer environ 8 minutes de chaque côté.
• À la sortie, tu peux aussi le couper en deux, c'est plus facile à manger...

Pour 1 copain

• 2 tranches de pain de mie
• 1/4 de tranche de jambon blanc
• 1 lamelle de fromage chester
• 1 rondelle d'ananas en boîte
• du beurre

Indispensable

• 1 couteau
• du papier sulfurisé

Petit plus :
Avec un moule à croque-monsieur, c'est encore mieux.

Attention !
Surveille-le bien. Le croque doit être doré mais pas brûlé.

Pense-bête :

Terrible !

6

Le concombre en sandwich

C'est très simple à faire
et ça plaira à tous tes copains !

• Dans le bol, coupe la ciboulette avec des ciseaux, ajoute les petits-suisses, le sel et le poivre et mélange bien.
• Laisse reposer 1 heure dans le réfrigérateur.
• Coupe le concombre en fines rondelles.
• Étale sur chaque tranche de pain avec le mélange du bol puis recouvre avec les rondelles de concombre.
• Recouvre avec une autre tranche de pain de mie et coupe le sandwich en 2 triangles !

Pour 4 copains

• 4 tranches de pain de mie complet
• 1 concombre épluché
• 2 petits-suisses nature
• 8 brins de ciboulette lavés
• du sel
• du poivre

Indispensable

• 1 bol
• 1 couteau
• des ciseaux

Petit plus :
Ajoute aussi du jambon cru ou du saumon fumé.

Attention !
Ne laisse pas ton bol trop longtemps dans le réfrigérateur.

Pense-bête :

J'ai demandé à maman si je pouvais en avoir du gâteau et maman m'a dit que non, ça me couperait l'appétit. « Laissez-le, ce pauvre petit n'a pas une vie tellement gaie, il faut bien le gâter un peu », a dit mémé.

Demande de l'aide

7

Le gâteau zigzag

Un gâteau drôlement amusant à faire et super joli !

- Allume le four à 180 °C (th. 6).
- Dans le bol, casse les oeufs, bats-les énergiquement.
- Dans un saladier, vide le pot de yaourt, puis ajoute dans cet ordre : le sucre, l'huile, la farine, la levure. Ajoute aussi les oeufs battus et mélange bien le tout.
- Verse la moitié de cette préparation dans le second saladier et ajoute le cacao en mélangeant bien.
- Graisse le moule avec un peu d'huile. Verse en premier une couche de pâte nature, puis une couche de pâte au cacao et recommence jusqu'à ce que tu n'aies plus de pâte.
- Passe une fourchette dans la pâte en faisant des zigzags et mets le gâteau au four 30 minutes environ.
- Démoule aussitôt et laisse-le refroidir avant de le découper.

Pour 6 à 8 copains

- 1 pot de yaourt nature (le pot va te servir de doseur)
- 1 pot d'huile (colza ou arachide)
- 2 pots de sucre en poudre
- 2 pots de farine
- 1 pot de cacao
- 4 oeufs
- 1 sachet de levure

Indispensable

- 2 saladiers
- 1 bol
- 1 cuillère en bois
- 1 fourchette
- 1 moule à cake

Petit plus :
Décore le dessus avec des pépites de chocolat ou des vermicelles.

Attention !
Pour vérifier la cuisson du gâteau, plante la pointe d'un couteau.

Pense-bête :

- Je passe le premier, a crié M. Blédurt.
- Pas question, a dit papa.
C'est dommage qu'on ait pas pu y aller, à ce fameux pique-nique, parce qu'en démarrant tous les deux en même temps, papa et M. Blédurt se sont rentrés dedans et la réparation des autos, ça va bien prendre une semaine.

8

Demande de l'aide

Chaud la banane, chaud !

Et même froid, cela reste délicieux !

• Pense à sortir le beurre du réfrigérateur un peu à l'avance, pour qu'il soit facile à tartiner.
• Prends 2 tranches de pain de mie. Beurre un côté de chaque tranche, saupoudre un peu de sucre.
• Coupe 1/2 banane en rondelles que tu disposes sur la face non beurrée d'une des 2 tranches.
• Verse une pincée de sucre vanillé.
• Recouvre avec la seconde tranche de pain, face beurrée à l'extérieur.
• Recommence avec les autres tranches puis mets les 4 « sandwichs » dans la poêle avec une noisette de beurre, pendant 5/6 minutes.
• Appuie bien avec la spatule, il faut que les tranches soient soudées !

Pour 4 copains

• 8 tranches de pain de mie complet
• 60 g de beurre
• 2 bananes
• 2 cuillères à soupe de sucre en poudre
• 1 sachet de sucre vanillé

Indispensable

• 1 poêle
• 1spatule
• 1 couteau

Petit plus :
Avec un appareil à croque-monsieur, c'est plus simple : 3 minutes dans l'appareil, et c'est bon !

Attention !
N'oublie pas que le beurre est toujours sur la face extérieure des tranches de pain !

Pense-bête :

« C'est un secret, ne le dis à personne. »

9

Demande de l'aide

Le cake d'enfer

C'est drôlement facile à faire, mais ne le dis à personne, c'est un secret…

- Allume le four à 180 °C (th. 6).
- Coupe la tomate en petits morceaux, enlève les graines.
- Dans le saladier, verse la farine et la levure.
- Dans le bol, casse les oeufs, ajoute une pincée de sel et fouette énergiquement. Verse ce mélange dans le saladier, puis ajoute le lait, l'huile, le parmesan et en dernier la tomate. Mélange délicatement l'ensemble à chaque étape.
- Graisse ton moule avec un peu d'huile et verse doucement la préparation.
- Mets au four 40 minutes environ. Laisse le cake refroidir avant de le couper en tranches.

Pour 6 à 8 copains

- 200 g de farine
- 3 oeufs
- 1dl de lait
- 1dl d'huile d'olive
- 1 sachet de levure
- 1 tomate lavée
- 100 g de parmesan rapé
- du sel

Indispensable

- 1 saladier
- 1 bol
- 1 cuillère en bois
- 1 moule à cake

Petit plus :
Parsème quelques brins de thym dans ta préparation pour parfumer.

Attention !
Pour savoir si ton cake est cuit, plante un couteau, la lame doit ressortir bien sèche.

Pense-bête :

- Comment est-ce qu'on fait pour éteindre la lumière de ton réfrigérateur ?
- Ben, j'ai répondu, on ferme la porte.
- Mais si tu veux avoir la porte ouverte et pas de lumière ? m'a demandé Alceste.
- Ben, je sais pas, moi, j'ai dit, on n'a qu'à enlever la prise.

10

Le sandwich glacé

C'est une recette hors concours, tellement c'est facile !

- Étale les biscuits sur la table.
- Retire la glace du congélateur.
- Prends un biscuit chocolaté, ouvre-le en deux, étale la glace au milieu là où il y a le chocolat, égalise avec le couteau. Recouvre-le avec l'autre moitié du gâteau en tassant un peu pour que la glace colle au gâteau.
- Recommence autant de fois qu'il y a de copains à régaler.
- Mets 10 minutes au congélateur.

Pour 6 copains

- 1 paquet de biscuits chocolatés Prince
- 1 litre de glace à la vanille

Indispensable

- 1 couteau
- 1 cuillère à soupe

Petit plus :
On peut faire la même chose avec de la glace à la fraise et des gaufrettes.

Attention !
Comme la glace fond vite, mange ton sandwich aussitôt sorti du congélateur.

Ma recette :

10 gourmandises terribles

Pense-bête :

- Tu les aimes les gâteaux, mon chou ? a demandé Mme Laflamme.
- Oh oui, madame, j'ai dit, surtout le gros, là, avec le chocolat et la crème.

Demande de l'aide

1

Les cookies aux trois chocolats

C'est encore plus rigolo parce qu'ils sont tous de couleurs différentes !

• Pense à sortir le beurre du réfrigérateur 1 heure à l'avance pour qu'il soit tendre.
• Allume le four à 180 °C (th. 6).
• Casse les chocolats en tout petits morceaux. Dans le saladier, verse le sucre, le sucre vanillé, casse l'oeuf et mélange bien. Ajoute la farine, la levure, une pincée de sel, puis les différents chocolats en tournant pour bien mélanger.
• Recouvre la plaque du four de papier sulfurisé. Fais des petits tas à l'aide des 2 cuillères, pose-les, bien espacés, sur le papier.
• Mets au four 8 à 10 minutes.

Pour 5/6 copains

• 50 g de chocolat noir
• 50 g de chocolat au lait
• 50 g de chocolat blanc
• 150 g de farine
• 85 g de beurre mou
• 80 g de sucre
• 1 oeuf
• 1 sachet de sucre vanillé
• 1 cuillère à café de levure
• du sel

Indispensable

• 1 saladier
• 1 cuillère en bois
• 2 cuillères à soupe
• du papier sulfurisé

Petit plus :
Ne les fais pas trop cuire pour qu'ils restent tendres à l'intérieur.

Attention !
Espace-les bien sur le papier. Ils vont s'étaler en cuisant.

- Minute, a dit Alceste en mordant dans sa tartine, après avoir enlevé la bille qui était collée dessus.
Minute ! Avec une glace au chocolat et à la fraise, faut pas rigoler.

Pense-bête : ....

2

La glace express

Mélange rigolo,
qui se déguste comme une glace !

• Dans le saladier, mélange avec le fouet les 4 pots de Danette à la vanille avec 4 cuillères à soupe de Nutella et la crème.
• Répartis le mélange dans les 4 bols et mets au congélateur pendant 4 heures.
• Il faut sortir les bols du congélateur 30 minutes avant de déguster ta glace.

Pour 4 copains

• 4 Danette à la vanille
• 4 cuillères à soupe de Nutella
• 8 cl de crème liquide

Indispensable

• 1 saladier
• 4 bols
• 1 cuillère à soupe
• 1 fouet

Petit plus :
À la place des bols, tu peux utiliser les pots de Danette vides.

Attention !
Ne les laisse pas plus de 30 minutes dans le congélateur.

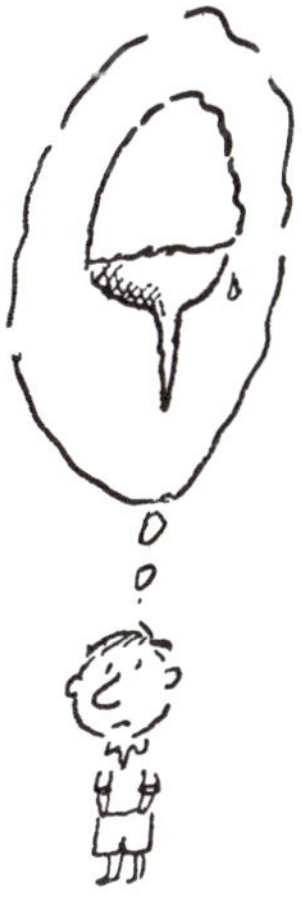

Pense-bête :

- Si vous êtes sages, après le goûter, je ferai le guignol, nous a dit le papa de Clotaire.
- Avec un chapeau comme ça, vous n'aurez pas de mal, a dit Eudes.

Demande de l'aide

3

Les chapeaux pointus

On les appelle aussi « congolais », mais c'est moins amusant.

Pour 4 copains

- 2 blancs d'oeufs
- 125 g de sucre
- 125 g de noix de coco râpée
- 1/2 cuillère à café de beurre

Indispensable

- 1 bol
- 1 casserole
- 1 cuillère en bois
- 1 saladier
- du papier sulfurisé

• Impératif ! se laver les mains avant de commencer.
• Allume le four à 170 °C (th. 5/6).
• Dans un bol, sépare les blancs des jaunes d'oeufs. Dans la casserole fais fondre le beurre, ajoute les blancs d'oeufs et fouette énergiquement. Dès que le mélange devient mousseux, ajoute la noix de coco râpée, mélange et verse aussitôt la préparation dans le saladier.
• Pose une feuille de papier sulfurisé sur la plaque du four, puis fais à la main des petits tas en forme de cônes, comme des chapeaux de clowns, que tu déposes sur la feuille de papier. Laisse-les cuire environ 20 minutes. La pointe du chapeau doit être dorée. Attends un peu qu'ils refroidissent pour les manger.

Petit plus :
Les amateurs de chocolat pouront enfoncer un petit carré de chocolat noir à l'intérieur avant la cuisson. Miam !

Attention !
Le plus difficile de cette recette est de séparer les blancs des jaunes.

Elle est vraiment très chouette mémé. J'aime bien papa et maman, mais ils ne me donnent jamais autant de bonbons. C'est dommage que mémé ne vienne pas plus souvent à la maison.

Pense-bête :

4

Demande de l'aide

Les roudoudous

Quelle bonne idée de garder
ses coquillages de l'été
pour lécher des roudoudous
avec délice !

• Dans une casserole, fais chauffer à feu doux le beurre, le sucre et l'eau, et mélange bien.
• Attention : il faut mélanger avec le fouet sans s'arrêter pendant 15 à 20 minutes.
• À un moment tu as l'impression que tout est raté : le mélange se transforme en petits grains qui se coincent dans le fouet… mais tu dois absolument continuer.
• Arrête la cuisson quand tu obtiens un liquide onctueux et couleur caramel.
• Verse un peu de ce liquide dans les coquillages ou les mini-moules et dès que le mélange a durci, lèche avec délice ton roudoudou.

Pour 20 roudoudous

• 50 g de beurre
• 50 morceaux de sucre
• 2 à 3 cuillères à soupe d'eau

Indispensable

• 1 casserole
• 1 fouet
• 20 coquillages vides bien nettoyés, ou 20 mini-moules

Petit plus :
Ajoute 1 ou 2 cuillère d'un sirop que tu aimes bien pour changer le goût.

Attention !
Le mélange dans la casserole mérite toute ton attention : c'est très chaud et ça peut brûler !

Quand Alceste est venu m'ouvrir la porte de sa maison,
il avait une serviette attachée autour du cou et la bouche pleine.
- Je suis en train de goûter, il m'a dit en recrachant des miettes partout.
Qu'est-ce que tu veux ?

Pense-bête :

Demande de l'aide

5

Les sablés rigolos

Le plus amusant, c'est d'avoir plein d'emporte-pièce !

• Commence par te laver les mains.
• Verse la farine, la cannelle, le sucre dans le saladier. Mélange avec les mains et creuse un puits pour y casser l'oeuf. Ajoute le beurre. Toujours avec les mains, mélange jusqu'à ce que tu obtiennes une boule. Laisse reposer cette boule 30 minutes au frais.
• Allume le four à 180 °C (th. 6), pose une feuille de papier sulfurisé sur la plaque.
• Mets de la farine sur ton plan de travail, étale la pâte au rouleau en l'écrasant bien. Applique les différents emporte-pièce et pose les sujets au fur et à mesure sur le papier sans qu'ils se touchent. Mets-les à cuire 10 à 15 minutes.
• Recommence à malaxer la pâte en boule, écrase-la à nouveau au rouleau… mets à cuire une nouvelle fournée, jusqu'à ce que tu n'aies plus de pâte.

Pour 10 copains

• 250 g de farine
• 125 g de beurre mou
• 125 g de sucre
• 1 oeuf
• 1 cuillère à café de cannelle

Indispensable

• 1 saladier
• 1 rouleau à pâtisserie
• du papier sulfurisé
• des emporte-pièce différents

Petit plus :
Décore tes sablés avec des vermicelles, des étoiles, des boules…

Attention !
Ne les laisse pas trop cuire, ils sont meilleurs tendres.

Pense-bête :

Mémé m'a dit que cette nuit les poules allaient pondre des œufs en chocolat partout, et que demain, il faudrait que je les trouve. Ce qu'il y a de bien, c'est que mémé cache mal les œufs, pour que je puisse les trouver facilement.

Demande de l'aide

6

Les oeufs de Pâques

Amuse-toi à décorer les oeufs de Pâques avec tes copains !

• Dans la casserole, fais chauffer la crème liquide jusqu'à ébullition, puis ajoute le chocolat coupé en morceaux et fais-le fondre en remuant avec la cuillère en bois. Verse tout dans le bol, ajoute le sucre glace et mélange bien.
• Avec l'aiguille à tricoter ou la pointe des ciseaux, perce les 2 extrémités des oeufs (1cm de diamètre) pour les vider dans un bol, que tu mets au réfrigérateur. Cela pourra servir à faire une omelette !
• Lave bien les coquilles et mets un peu de ruban adhésif sur un des trous.
• Profite de ta boîte à oeufs vide pour y installer les coquilles bien droites, ce qui va t'aider à les remplir.
• Puis à l'aide de la petite cuillère à café, ou de l'entonnoir, remplis chaque oeuf avec le mélange sucre glace, crème liquide et chocolat.
• Puis mets au réfrigérateur pendant 3 heures.

Pour 6 copains

• 80 g de sucre glace
• 6 oeufs avec leur boîte
• 200 g de chocolat noir (à cuire)
• 80 cl de crème liquide

Indispensable

• 1 casserole
• 1 petite cuillère à café
• 1 grand bol
• 1 aiguille à tricoter ou des ciseaux pointus
• 1 cuillère en bois
• 1 petit entonnoir

Petit plus :
Pour changer, varie les chocolats en prenant du chocolat au lait ou blanc.

Attention !
Il faut beaucoup de patience et de précaution !

Pense-bête :

Alors, quoi ? C'est fini le goûter ?

7

Les pop-corn sauteurs

Attention à la sortie du micro-ondes… ça peut sauter !

Pour 4 copains

- 100 g de maïs à pop-corn
- du sucre ou du miel

Indispensable

- 1 petit saladier ou un grand bol
- 1 fourchette ou 1 cure-dent
- du film alimentaire
- 4 assiettes ou 4 bols

- Verse la moitié de ton paquet de maïs à pop-corn dans le petit saladier ou grand bol, recouvre avec le film alimentaire, puis perce des petits trous avec une fourchette ou un cure-dent.
- Mets au micro-ondes pendant 3 minutes, à puissance maximale.
- Attends un peu avant de retirer le film alimentaire.
- Verse-les dans les assiettes ou les bols, avec du sucre ou du miel.
- Recommence autant de fois qu'il te reste de pop-corn.

Petit plus :
Présente les pop-corn dans des cornets en papier : enroule des feuilles de papier pour faire tes cornets !

Attention !
Par précaution, place à côté du petit saladier dans le micro-ondes un ramequin rempli d'eau : cela évitera que le saladier ne se casse !

Pense-bête :

Les copains, c'est tous des guignols !

Demande de l'aide

8

Les sucettes déguisées

C'est plus sympa quand il y a une bande de copains à la maison !

• Répartis les décorations dans les coupelles. Enlève le papier des sucettes. Dans une casserole, casse le chocolat en morceaux, ajoute une cuillère à soupe d'eau, fais fondre à feu doux en remuant. Dès qu'il est fondu, retire la casserole du feu et trempe chaque sucette à tour de rôle d'abord dans le chocolat, ensuite dans une des coupelles (vermicelles ou étoiles ou sucre glace…). Ainsi, tu obtiendras des sucettes déguisées.

• Laisse-les sécher en les plantant dans une pomme, par exemple.

• C'est tellement joli que ça permet de patienter en les regardant.

Petit plus :
C'est aussi beau et bon avec du chocolat au lait ou du chocolat blanc.

Attention !
Ne laisse pas le chocolat cuire. Juste fondre.

Pour 8 copains

- 8 Chupa Chups à tous les parfums
- 1 plaque de chocolat noir
- pour la décoration : des vermicelles, des étoiles, de la poudre dorée, du sucre glace…

Indispensable

- 1 casserole
- 1 cuillère à soupe
- 1 cuillère en bois
- des coupelles

Moi je serais la plus belle de toutes
et toi tu m'apporterais des fleurs.

Pense-bête :

9

Le délice rose

C'est une jolie couleur pour les filles,
mais aussi pour les garçons !

Pour 1 copain

- 10 cl de lait froid
- 1/2 yaourt bulgare
- glace à la vanille
- 10 fraises environ
- 1 cuillère à café de sucre (facultatif)

Indispensable

- 1 mixeur et son bol
- 1 cuillère à glace
- 1 grand verre

• Passe les fraises rapidement sous l'eau, enlève les queues. Dans le bol du mixeur, verse le lait, le 1/2 yaourt. Ensuite sors la glace du congélateur, prélève une grosse boule, ajoute-la dans le bol et mixe 1 minute, pas plus.

• Goûte avant d'ajouter le sucre.

• Verse dans un grand verre et sirote bien frais avec une paille. Miam !

Petit plus :
Amuse-toi à inventer d'autres mélanges fraises-bananes, kiwis-framboises, etc.

Attention !
Ne mixe pas plus de 1 minute, ce serait trop liquide.

Et puis j'ai autant le droit de goûter que toi !

Pense-bête :

10

Les marshmallows en brochettes

Il y aura beaucoup d'amateurs pour cette recette trop facile !

• Dans un bol mets le chocolat noir avec la crème pendant 15 secondes au micro-ondes, et mélange bien.
• Dans l'autre bol, verse les céréales que tu écrases délicatement avec tes mains... propres.
• Enfile 4 marshmallows sur chaque pique pour faire des brochettes.
• Plonge les brochettes de marshmallows dans le bol de chocolat en tournant bien pour répartir le chocolat.
• Puis plonge les brochettes de marshmallows enrobées de chocolat dans le bol de céréales.

Petit plus :
Il faut remettre de temps en temps le chocolat fondu dans le micro-ondes pour le réchauffer car il redurcit très vite.

Attention !
Les piques en bois sont à manier avec précaution pour ne pas éborgner les copains !

Pour 4 copains

• 16 marshmallows
• 16 carrés de chocolat noir à cuire
• 1 bol de céréales (classiques)

Indispensable

• 4 piques en bois
• 2 bols assez larges

Ma recette :

Goscinny et Sempé,
les créateurs du Petit Nicolas.

Des mêmes auteurs

Christine de Beaupré
et Béatrice Valentin

Chez Flammarion

Nos meilleures
recettes de famille

Nos meilleures
desserts de grand-mère

Nos meilleures
douceurs d'enfance

Nos meilleures
confitures de famille

Nos meilleurs
gratins et crumbles de famille

Nos meilleurs
plats mijotés

Nos meilleures
recettes de famille au chocolat

Aux éditions

imav

Histoires inédites du Petit Nicolas,
Goscinny et Sempé, 2004

Globe de Cristal 2006
Prix de la presse pour les arts et la culture

Histoires inédites du Petit Nicolas,
volume II,
Goscinny et Sempé, 2006

Le Petit Nicolas,
le ballon et autres histoires inédites,
Goscinny et Sempé, 2009

Du Panthéon à Buenos Aires.
Chroniques illustrées,
Goscinny et collectif, 2007

Tous les visiteurs à terre !
René Goscinny, 2010

Direction éditoriale
Aymar du Chatenet

Conseil éditorial
Gaëlle Civerman

Conception visuelle et maquette
Isabelle Gibert

-Merci aux marques déposées
citées dans *Les Recettes du Petit Nicolas* :
Boursin®, Carambar®, Chupa Chups®, Danette®, Kiri®, La vache qui rit®,
Nutella®, Prince®, Smarties®, St Môret®.

Achevé d'imprimer en août 2011
en Malaisie par T.W.P.
Dépôt légal : octobre 2011
ISBN : 9782915732399

Si c'est pas chaud, c'est pas tellement bon.